Tchevemanson Samson
Je t'aime quand tu n'es pas mienne
Il n'y a que moi au bout du fil.

Tchevemanson Samson

Je t'aime quand tu n'es pas mienne

Il n'y a que moi au bout du fil.

© 2023 Tchevemanson Samson

Édition : BoD – Books on Demand, info@bod.fr
Impression : BoD – Books on Demand, In de Tarpen 42, Norderstedt (Allemagne)

Impression à la demande

ISBN : 978-2-3221-1900-4
Dépôt légal : Mars 2023

Sommaire

Préambule — p. 6
Remerciements — p. 9
Introduction — p. 11

Partie 1 : Le solitaire aventureux — p. 15
Chapitre 1 : Une lueur d'espoir au bout du tunnel — p. 17
Chapitre 2 : Elle était enfin là — p. 35
Chapitre 3 : De deux inconnus à la fascination — p. 45

Partie 2 : La confusion de l'âme — p. 61
Chapitre 4 : Éros et Psyché — p. 63
Chapitre 5 : Entre Amour et Désir — p. 73
Chapitre 6 : Conscient et coupable — p. 81

Partie 3 : L'être et le paraître — p. 97
Chapitre 7 : Le monologue de la conscience — p. 99
Chapitre 8 : Se mentir à soi même — p. 113
Chapitre 9 : Elle ou moi ? — p. 123
Chapitre 10 : Le prix de la vérité — p. 129

Conclusion — p. 137

Préambule

On est souvent beaucoup à vivre et peu à décrire ce que l'on vit ; j'ai toujours eu quelque part cette envie croissante au fil des années d'être de la deuxième tranche.

Je voudrais me présenter à vous de manière conventionnelle ; mais mon nom et prénom ne sauraient à eux seuls vous décrire le contraste de ce qu'est ma personnalité. D'aussi loin que je me souvienne, cette passion pour l'écriture m'a pris de force dès l'adolescence ; je suis un écrivain d'origine haïtienne ; pour des raisons estudiantines, je suis arrivé en France très tôt à l'âge de 16 ans. Étant dans l'optique d'être toujours aussi proche de mon art j'ai participé à plusieurs reprises à de nombreux évènements littéraires au cours desquels j'ai pu constater malgré moi que le sexe était un sujet tabou ; j'ai longtemps œuvré dans l'ombre, car une bonne partie de ce que j'écris tourne autour de l'amour et de ce qu'on en fait lorsque se retrouve en poids face à ce sentiment.

Par la publication de cette histoire, je me libère moi-même de la façon dont je pense qu'on aura à recevoir ce que j'ai à offrir, car on ne peut être constamment dans le rejet de ce qu'on est réellement.

Je me suis donc pris à cœur de joie afin de vous présenter cet ouvrage dans lequel vous allez découvrir une partie de ce que je suis ; la manière dont j'ai vécu ce que j'ai écrit ; l'émotion dans chaque vers ; tout aussi bien le schéma de pensée tiré à travers mon vécu.

Je suis de ceux qui pensent que dans chaque histoire partagée ; je veux dire par là de la parole à l'ouïe ou encore de l'écriture au bon sens ; même si les protagonistes ne sont jamais les mêmes on acquiert ce qu'on appelle une richesse expérimentale. J'ose espérer de ce fait chers lecteurs qu'à la fin de la lecture de ce livre vous aurez une tout autre ouverture sur les différents sujets qui vont être abordés.

Remerciements

Le tact est bien à celui qui n'omet rien et qui de fait prend le temps de souligner les acteurs qui ont participé à la publication de cet ouvrage.

Ces lignes sont bel et bien pour vous remercier : en premier lieu l'univers qui assure la transcendance par laquelle j'aiguise mon art ; secondement ma bien aimée qui m'a conforté dans l'idée de sortir ce livre ; troisièmement la société Mursty par laquelle j'ai vu mes idées se transformer en œuvre d'art ; et enfin à vous chers lecteurs à travers qui mes idées prendront vie.

Mes remerciements sont adressés à chacun d'entre vous, car sans vous tout ceci n'aurait jamais vu le jour !

Introduction

Le récit en question mettra en relief différents concepts sur les relations amoureuses ; en commençant tout d'abord par la solitude l'une des raisons pour lesquelles on peut expressément se jeter dans une relation amoureuse ; viendra ensuite un enchaînement naturel sur l'amour et ses différents tournants ; mais force est de constater qu'il devient tout de même difficile de parler d'amour sans désir, car les deux sont intimement liés nous verrons donc de façon subtile la différence entre les deux.

Tout ceci constitue de ce fait un engrenage psychologique parce que vivre « d'amour » et de « désir » implique de traiter également le sujet de la vérité ; de la conscience et des tourments.

Quoique l'on te dise quoique l'on te fasse ce n'est rien à côté de ce que j'ai pu ressentir pour toi ;

L'amour est une farce, il faut user non seulement de son esprit ainsi que de son cœur pour briser sa paroi ;

Parler de mes sentiments au passé souligne le fait de son ancienneté ;

Qu'il est paisible de t'avoir eue, aussi bien que c'est l'objet de mes anxiétés ;

Une nouvelle page au bout du compte marquant le début d'une longue peine ;

C'est l'histoire d'un amour sain qui finit par être une chose vaine.

Partie 1.

LE SOLITAIRE AVENTUREUX

Chapitre 1 : Une lueur d'espoir au bout du tunnel

L'été n'approche aucun programme.

En vue, ce qui régnait c'était l'ennui ;

Ma solitude est comme une canne usée,

Ainsi ma présence devient mon seul appui ;

Décidant de m'évader un peu sur un jour ensoleillé ;

Tout était doux et calme une ambiance qui invite à l'idylle ;

Emporté par l'horizon d'une belle conquête émerveillée ;

Serait-ce une évasion inutile ?

Car je n'y vois que des rêves futiles.

Plus j'avance, plus mes pensées pèsent lourdement ;

Au bord du lac, toutes les micro actions se déroulent lentement ;

Je deviens attentif aux détails en observant chaque passant ;

La nature semble exprimer ses forces, elle m'impose son pouvoir dominant ;

La plus évidente des choses c'est que je suis en manque d'accompagnement.

Pendant longtemps je croyais être condamné ;

À force de connaître ma présence, elle finit par être dépréciée ;

Le temps est à l'affût, mais je fais du surplace.

Je suis bien dans ma peau, mais je ne me sens pas à ma place ;

Je me pose des questions sur mon existence ;

Je m'accable bien de façon continue et dense.

Je cherche à fuir ma solitude ;

Pour atteindre ma plénitude ;

La vie est fade quand elle devient habitude ;

Je veux le statut d'un ange prenant de l'altitude ;

Le désir de goûter à autre chose que la lassitude ;

Car je ne connais le sens propre des vicissitudes.

Je trébuche sur mes motivations ;

Débordant de rage, je demeure dans l'inaction ;

Le ruissèlement de l'eau devient nuisance sonore,

Si je ne me reconnais plus, c'est que je me cherche encore ;

Je m'abandonne, je ne compte plus sur mes efforts,

Ai-je tort ? Ou le bonheur est inodore ?

Mes seules discussions ont été des monologues ;

Je suis mon sujet et en même temps mon psychologue ;

J'aimerais avoir des conseils de l'extérieur ;

Je suis persuadé que mon meilleur moi se trouve ailleurs ;

Étranger à moi-même, je prévois mon exode.

Je deviens maladroit ; en défiant mes propres codes.

Et puis…

Soudain, elle apparait d'un sourire éclatant ;

Faisant jaillir mon être, je ne vois plus ces autres passants.

Elle devient le centre de mes attentions ;

D'un coup mon goût à la vie prenait de l'ascension.

Elle s'approche au loin,
D'un air léger et rafraichissant ;

Je la regarde avec soin, elle devient le centre du monde en quelques instants.

Sa beauté me donne une allure intemporelle ;

Je ne me pose plus trop de questions.

Sa présence est telle un art subtil et sensuel ;

Elle me procure tant d'imagination ;

Le temps de dire tout ce que je viens de dire, elle s'en alla ;

Aussi vite apparue, et aussi vite elle s'en va.

Le soir tombe, mes pensées sont sur elle ;
Suivre ses traces devient mon envie solennelle ;

Dans mon esprit, elle remplace ce moi qui me faisait rage,

Il m'est devenu très difficile de la mettre en marge ;

Pour la retrouver, de l'autre côté, j'irai même à la nage ;

J'expie bien toutes mes douleurs et mon âme se décharge.

Je commence à reprendre confiance en moi ;

Comme s'il fallait la voir pour oublier mes effrois ;

Je vois maintenant autrement dans mon miroir ;

J'aperçois une lumière dans mes déboires,

Bercé d'illusions, elle devient preuve de mes espoirs ;

Alliéné du temps, je me mets à écrire mon histoire.

À la recherche de cet être qui a su révéler tous mes désirs, sans prononcer un mot.

Elle est d'une rareté charnelle incontestable, sur sa carrure, on ne peut faire de saut.

Cela devient évident, je ne la trouverai pas dans la masse ;

Les jours passent : une fonction croissante de mon obstination qui se tasse.

Rien qu'une autre fois, je demande à la revoir ;

Même pas une discussion, je ressens déjà son au revoir ;

Encore un coup dans mon estime de moi.

Je m'étais affranchi, nous voilà à un retour des poids ;

J'étais près de mon oasis dans ce désert.

Je l'admire, mais il s'en va en un éclair.

Au bout du compte ses souvenirs s'effaçaient peu à peu ;

Un retour brutal à ma réalité dans laquelle je me tue à petit feu ;

Là où le seul sentiment connu est l'amertume ;

Dans une sphère bien renfermée où la solitude est coutume.

Afin de trouver un confort, je me réfugie dans ma promenade ;

Tentant de m'évader, mon rapport à la vie est toujours fade ;

Je fais le tour de la neuvième rue ;

Y a-t-il un endroit où la réalité est moins crue ?

Je m'impose encore une fois un cadre spatiotemporel romantique ;

Au bord du lac, le coucher du soleil semble être différent et unique.

Mes mouvements ne sont plus mécaniques ;

Je regagne un gain d'énergie atypique ;

Est-ce un signe ?

J'aimerais bien en être digne…

La solitude n'est pas à fuir, elle est à apprendre de soi.

Apprenez ce que vous êtes dans les moments les plus téméraires pour ne pas avoir à subir ce que vous n'êtes pas au moment du bonheur.

Chapitre 2 : Elle était enfin là

Tout au loin j'aperçois une silhouette ;

À chacun de ses pas, je prends goût au ralentissement temporel ;
Qu'elle vienne dans ma direction, c'est ce que je souhaite ;

Je n'ai vu ni ses formes ni son visage, mais je la sens belle.

À ma plus grande surprise, c'était encore elle ;

Je canalise ma joie, afin d'être plus naturel ;

Celle dont j'ai perdu tout espoir de la retrouver ;

De bonne grâce le destin me l'a bien accordée.

Je l'attendais trop longtemps, nul besoin de planifier mes moyens ;

Il est temps de voir autre chose que mon train-train quotidien ;

Il n'était plus question d'admirer derrière la vitrine ;

À mes risques et périls, bien au détriment de l'essentiel.

Je ne force rien, pourtant je suis déjà de très bonne mine ;

À croire que mes désirs à son égard deviennent bien exponentiels.

C'est ainsi que je me mets à lui faire mes approches ;

Dans un dialogue qui suit la balance du noir aux lampes torches…

Moi : — Bonjour !

Elle : — Bonjour ! d'une voix sensuelle et relaxante.

Moi : — M'y prendrai-je mal si je vous dis que vous m'inspirez une profonde paix, de surcroit, que vous êtes charmante ?

Elle : — Bien, pour tout vous dire mon jugement compte peu et je vous remercie bien pour vos compliments, mais est — ce le seul objet de votre ouverture ?

Moi : — Je n'ai pas d'objet précis en ce qui a trait à vous adresser un mot et c'est tout de même ce qui le rend très particulier.
Ne pas avoir de but, mais le faire malgré soi.

Elle : — Hmmm ! Vous me semblez être un tant soit peu différent des autres. Dit-elle en souriant.

Moi : — Être différent j'ai bien peur de ne pas connaître ce terme, ou du moins ce n'est point ancré dans

Ma nature, il me faudra quelque chose de plus pour l'être…

Elle : — Si ce n'est pas de l'ordre privé, pourriez-vous me dire ce que c'est ?

Moi : — Rien de plus
Précieux que votre prénom.

Elle : — Dorothie

Moi : — Enchanté Dorothie ! Je suis James.

Elle : — Enchantée

James ! Le sourire aux lèvres en me serrant la main.

J'ai enfin franchi le premier pas ;

J'ai bien analysé tous ses faits et gestes ;

Sous son sourire je tombe au plus bas ; mais mon estime de soi n'était plus en baisse.

De ce fait, la tendresse de ses mains est ma plus grande extase ;

Si les hommes sont tous pareils, je veux bien être l'exception.

Chapitre 3 : De deux inconnus à la fascination

Au fil du temps, on serre de plus en plus les liens ;

On était devenus des âmes siamoises, sa présence me procure autant de bien ;

Notre relation amicale ne suit aucune loi.

Le simple fait de se voir, on se complaît ;

Il m'arrive de penser qu'elle avait aussi une existence ennuyeuse.

Je profite de chaque seconde en sa présence au complet ;

Je ne peux plus me contenter d'être son ami ;

J'admire même ces facettes malicieuses.

Sortant d'une fête un soir j'en profite pour l'inviter ;

Lors d'un pique-nique rien que nous deux,

Ne se doutant de rien, elle m'a dit oui sans hésiter ;

Je connais en majorité ses goûts de par notre complicité ;

Elle devait partir, je lui souhaite une douce nuit ;

Et sur ma route, je réfléchis à comment je pourrais la saisir dans ses envies.

Le lendemain on se rejoint à 16 h ;

Il faisait beau et le cadre spatial était accrocheur.

On s'assoit au bord du lac sur un bout de tissu ;

Je l'admire, car sous le soleil sa beauté s'accentue.

Le champ thermique qu'elle m'envoie est tellement fort, que je voudrais bien mettre des lunettes infrarouges.

Ses lèvres sont si attirantes, rajoutez à cela que l'on déguste de fruits rouges.

Les couleurs déteignent sur ses lèvres ;

Je me retiens de ne pas l'embrasser sans aucune trêve.

Chaque acte, et chaque parole deviennent délicats ;

Je lui accorde toute ma précision sans reliquat ;

D'elle-même, elle prend l'initiative d'aller se baigner ; l'eau coulant le long de son corps, je ne peux qu'être fasciné.

Je suis perdu dans mes pensées à son sujet ;

Je l'imagine dans mes bras sans subir aucun rejet.

Je la regardais de loin, mais elle m'a invité à la rejoindre ;

Je suis perplexe, car mes désirs envers elle ne sont pas des moindres.

Elle jouit fortement de sa baignade ;

Elle m'inspire, je me croyais être membre de la Pléiade ;

De la solitude à la joie, de la joie à l'excitation ;

Je rêve debout de l'irréel c'est l'objet de mon admiration.

On se baigne, on rigole de la plus petite chose et on se taquine ;

On s'envoie de l'eau çà et là, mais j'arrive à sentir les vignes.

Je m'attache ardemment à cette branche jusqu'à l'ivresse ;

On n'est plus au temps royal, mais elle devient mon altesse.

Sur le coup d'une romance cadencée, je touche tendrement ses joues et je l'embrasse ;

Elle ne se débat point, toute captive, d'une douceur inébranlable, je l'enlace.

La précision dans mes actes est telle, que je me sens détenteur de la suffisance.

La finesse de ses lèvres a su donner à mes désirs enfouis une forte renaissance.

Après cette scène on se doit bien une vitalité ;

Loin de tout ce que j'étais et de toutes fatalités ;

Nos journées sont faites de nous, de toutes nos activités ;

Au jour le jour j'apprends à connaître ses défauts et ses qualités ;

Elle est la passerelle la plus courte, et la plus directe vers mes passions.

Celle que je fuyais de temps à autre, quand je ne pouvais m'offrir satisfaction.

Je deviens pour elle plus qu'une addiction ;

En proie d'un sentiment fort, se pliant à la soumission.

Sa compagnie est apaisante, avec elle je ne situe plus mes émotions ;

On agit de façon tendre et continue, sans aucune interruption.

On ne se contient plus comme un volcan en éruption ;

Et si je tente de l'expliquer, il n'y a aucune érudition.

Notre champ lexical devient sentimental ;

Comme une fleur à laquelle la rosée est vitale ;

Elle détient l'ordre de mon humeur ;

Elle m'était disponible à toute heure ;

Notre vie prenait le sens que l'on ne connaissait pas ;

Face au manque de véhémence, je n'ai qu'à suivre ses pas.

Je passe de l'ombre à l'arc-en-ciel ;

Des couleurs exaltantes et sensuelles ;

J'ignore mon emplacement, je n'ai pas d'approche référentielle.

Entre sentiment et désir ; je ne connais mon état actuel.

Lorsque la solitude définit la base d'une relation.

Le désir semble être sentiment,

Jusqu'à l'apparition de notre lucidité après son rassasiement.

İş

Partie 2.
La confusion de l'âme

Chapitre 4 : Éros et Psyché

Ayant atteint le but espéré ;

Je souhaiterais encore le dépasser ;

Car je suis un adepte de sa beauté.

Les mouvements de ses hanches mettent en évidence son agilité.

Je la regarde quand elle danse, qu'elle me frôle, je ressens ma virilité.

Je m'attarde plus, sur ce qu'est la patience d'une nuit ;

Je ne peux feindre à son égard, ce qui ressort c'est mes envies.

Ce soir-là elle était sous mon toit ;

Depuis qu'on s'est rencontrés, elle n'a pas défini mes droits.

Alors j'irai au large de mes impulsions ;

Bien au-delà de toutes mes ambitions.

Les lumières sont éteintes, pour laisser place aux bougies et à l'ambiance tamisée…

Tout sur elle était blanc, signe d'innocence et de pureté.

Sans hésiter, je commence à exercer sur elle mon art du touché ;

Elle est bien silencieuse, sans rien dire, elle s'est laissée emporter…

Je l'embrasse tendrement ;

En la cajolant, j'enlève ses vêtements lentement.

Je jouis de l'instant présent, tout en faisant bien mes maniements.

Je me suis rendu compte que je ne connaissais rien de sa beauté ;

Encore plus belle en lingerie, qu'en dirais-je sur sa nudité ?

Elle a l'air de n'être plus de ce monde sur l'intensité de ma précision ;

Bien ébahi, autant hâte que nos corps fassent l'addition.

Son parfum est un délice, que je m'apprête à goutter ;

Je continue mes touchés jusqu'à l'accès à son intimité.

Elle a tout un art corporel parfait ;

Face à l'expression de son visage, j'étais inquiet.

Débordant de rage, elle décide d'inverser les rôles ;
d'un instant à l'autre, on était bien tous deux au sol.

Prenant la décision de ne pas s'attarder sur les préliminaires ;

Au début elle était réservée, à présent ses actes me montrent qu'elle n'a plus peur.

La chaleur de nos corps qui s'entremêlent, en plus de celle des bougies ;

Un mélange de douceur et de rage, rien ne résonne face à ses cris.

Passionnés par ce que l'on fait, on ne peut s'arrêter ;

La nuit touche à sa fin, on est toujours entrelacés.

Notre endurance est témoin de notre appétit ;

C'était bien une suite favorable à tous nos désirs enfouis.

La finesse de sa peau, les attraits de son dos,

La couleur de ses lèvres, la tendresse dans ses mots.

Un assemblage parfaitement perturbant,

Elle est d'une force naturelle, son touché est très plaisant.

Je la reconnais de par mes gestes, comme elle est douce ;

Si je devais puiser quelque part, je dirais qu'elle est ma source.

Les jours passent, et les mêmes scènes s'enchainent ;

Acquise et épanouie, elle est complètement mienne ;

De ses bordures, j'apprends à la cerner ;

Elle devient le sujet de mes analyses.

Plus ou moins proche de ma destinée ;

Ignorant si mes vœux se réalisent.

Chapitre 5 : Entre Amour et Désir

Sur ses contrastes bien définis, mon regard devient aiguisé ;

Si ma destination c'est elle, j'ai bien peur d'être à l'arrivée.

Mes doutes, mes peurs, et mes interrogations refont surface ;

Comme si mes sentiments se limitent au temps et à l'espace.

Faisant le tour du monde, dans ses bras ;

Le cœur léger, têtu de ses hauts et ses bas ;

Avec entêtement, la main sur le cœur, elle m'a tout offert.

Il suffit d'un regard bien placé, pour calmer ses fureurs ;

Elle est la tendresse de mes journées,
Les pensées de mes nuits blanches ;

Le courage dans mon odyssée ;

La première lettre de ma page blanche.

Ses initiatives me montrent une totale dévotion ;

Vouée à ce qu'elle ressent, elle se brule de passion.

Son regard se pose comme une feuille tombant sur l'étalage ;

Ses sentiments, et mes désirs peuvent bien être en décalage.

Son cœur s'ouvre, le suivi est fait par son corps ;

Lui donnant tout ce qu'elle veut, elle s'enfonce dans son accord.

De plus en plus aimante, demain, elle battra son record ;

Lumière dans ma pénombre, à l'approche de mes soirs ;

Sa présence est primordiale et bien au-delà de mes espoirs.

Elle assume entièrement notre amour ;

Me donnant son être sans attendre en retour ;

Pensant de fait qu'on y sera pour toujours,

Si la vie est belle aujourd'hui, il ne faut pas oublier ses détours ;

Se poser sur ses airs fascinants, n'écarte pas les roues de secours.

Plus elle est à fond dedans, plus je ne
Fais que tergiverser ;

Je devais passer au plus, mais les pôles sont inversés.

Sa présence était paisible, mais peu à peu devient l'objet de mes inquiétudes ;

Elle était mon échappatoire du réel, mais devient sujette de mes habitudes.

Je devais être collé à elle, mais je ne ressens plus son magnétisme ;

Je devais la trouver plus belle, mais ne vois plus rien en son charisme.

Quand les sentiments se noient, l'évidence devient amère.

Car chez l'altruiste « Se choisir sans l'autre » est une erreur.

Iş

Chapitre 6 : Conscient et coupable

Je subis maintenant ma façon de feindre de vouloir d'elle ;

Plus les fleurs se dessèchent, plus le pot deviendra frêle.

D'où je me situe, mon registre est confus ;

Pourtant dans le sien elle a l'air perdue ;

Perdue dans ses sentiments grandioses ;

Elle m'aime bien à tort et sans cause.

Mes sentiments vis-à-vis d'elle sont devenus ingrats ;

Comme s'ils effaçaient tous les indices pour suivre ses pas ;

D'un amour sincère, elle a du mérite, j'éprouve autant de mal et cela m'irrite.

Car tout ce dont elle a besoin mon cœur n'hérite ;

Habitué de ses lieux, je ne prends goût aux visites.

Elle est de type à aimer passionnément ;

Tout ce à quoi je pouvais rêver autrefois ;

Son allure romantique devient très lassante ;

Si je lui échappe, elle essaiera une autre fois.

Envie d'être avec elle, sans l'obligation de l'aimer ;

Son amour force mon admiration sans pour autant l'accepter.

Une relation qui part d'une décision commune ;

Je n'oublierai pas ses « je t'aime » sous ses lèvres prunes ;

Notre fusion commence à contraindre ma liberté,

Car on se charge de tout à deux de façon immodérée,

D'une femme aussi complète, je ne souhaiterais être exonéré ;

J'étais lassé d'être seul, mais pas plus qu'être accompagné.

L'insatiabilité de l'homme est le centre émetteur de toutes ses contradictions.

S'il se plaint d'être seul face à trop de liberté aujourd'hui.

Il voudra l'être demain, face au fait d'être moins libre en compagnie de ses semblables.

La nuit blanche

Le sommeil est alourdi et en retard ;

Je n'ai plus conscience qu'il était tard ;

La tension atmosphérique était forte ;

L'intensité de l'insomnie est à ma porte.

L'ennui prend le dessus ;

Je m'écoute face à moi-même.

Je ne vois aucune issue.

Une soirée, qui s'annonce sans thème ;

L'esprit qui se vide ;

La solitude qui me guide.

Elle est au centre de mes questionnements ;

je laisse parler le meilleur de mon entendement.

Cette nuit est favorable aux cent pas ;

Si la nature est l'imposition des choix ;

Je veux constituer mon échappatoire au travers de ses lois.

J'assiste à la profondeur de la nuit à travers ma fenêtre ;

Si mon cœur s'oublie, mes désirs ne veulent s'omettre.

J'ai vu ses courbes au loin, mes envies osent me le permettre ;

Ma conscience me tient tête ; mais mon égoïsme s'entête.

Je me conseille, je me réfute ;

Pas de danger, mais je lutte ;

De mon sommet, j'assiste à la chute ;

Désir de paix ! La musique vient des flûtes ;

Je suis coureur, et pour-chasseur en pleine course poursuite ;

Je suis en arrêt temporel, mais j'attends toujours la suite.

De mes coups de cœur, et émotions je deviens bizuth ;

Jonglant avec les secondes au détriment des minutes ;

Face à cette vague de pensées, j'oublie le moi et tous mes titres ;

De mes désirs à mon cœur, j'écris mon plus bel épître.

Une réponse qui n'était point dans sa semence ;

À l'inverse de sa conscience, il feint son ignorance ;

S'il essaie de s'identifier, son corps est sa seule référence.

Perdu dans mes études, je ne me trouve plus dans cette séquence ;

D'un souvenir à l'appel ;

Une décision ! Mais laquelle ?

Embrasé de cette nuit intense ;

Je rêve encore de ses hanches.

Mon imaginaire l'invite à la danse ;

En revanche mon cœur ouvre sa page blanche.

Seul dans mes doutes, je deviens l'honorable conseiller ;

Le temps au ralenti devient un rythme accéléré.

La solitude est seulement l'ennemi de l'homme quand il en fait tout un problème.

Mais, devient sa plus belle confidente lorsqu'elle est à l'origine de ses problèmes.

Partie 3.
L'être et le paraître

Chapitre 7 : Le monologue de la conscience

Ce qui ne comptait plus tout à coup fait mon essence ;

Je deviens plus fixe sur l'admiration de ma présence ;

D'un l'autre côté, elle ne se voit pas sans Moi ;

Comme cette partie de l'autre implanté en soi.

J'ai la plus belle des sensations face à ses fous rires ;

Esquivant toutes ses mines, je ne vois comment lui dire.

Des étincelles remplissant ses yeux ;

Des rêves tout plein le cœur ;

Au coucher du soleil dans les cieux ;

Ce qui marque le temps c'est nos peurs ;

Aussi beaux que soient les sentiments, aussi dure est leur noirceur ;

Autant précieuse est la quête, foncées sont les traces de nos pleurs.

Le besoin humain masque parfois ses qualités ;

Car le vide à combler devient sa seule réalité ;

Les pensées du jour sont les résidus des souvenirs d'hier ;

Comme si je passais mon temps à trébucher sur la même pierre.

Ma philosophie devient victime de ma propre personne ;

Plus je me perds à son sujet, plus elle s'abandonne.

Elle est présente corps et âme, elle dépose tout son être à mes pieds ;

J'y suis malgré moi, chaque goutte de ses larmes que je m'apprête à essuyer.

La disparition de mes sentiments pour elle est aussi violente que ma façon de la regarder passionnément ;

Je tenterai de l'expliquer avec des mots justes, mais il me faudra bien plus que des arguments.
Je la voulais près de moi pour effacer toutes mes peines ;

Je l'ai eue, mais tout ce que je fais c'est d'empirer les siennes.

Une vague de pensées sur les rivages de mon cœur ;

Tout en moi l'invitait à dompter ses peurs.

L'instant est calme, j'assiste au loin à l'errance de cette fleur ;

Je deviens colon, car ma présence est défavorable à ses terres.

Dans ce tohu-bohu, j'en perds l'essence de mon être ;

Pour exister auprès d'elle, je devais feindre le paraître.

La raison est de telle que ce qui était ma jouissance devient sacrifice ;

Je lui offre ce que je ne suis pas, troquant le naturel avec le factice.

Une affirmation de beauté sans le charisme ;

À présent tout en elle est une quête à l'exotisme.

Je résiste au compte à rebours ;

Je compte chaque goutte dans ma saison pluvieuse.

Ma raison est en plein détour ;

La force de sa beauté devient plus radieuse.

Chaque soir est l'heure pour moi d'être l'objet de mes essais cathartiques ;

Ma conscience, mes désirs, mon cœur sont en pleine guerre épique.

Ne sachant quoi faire je planifie des aveux méthodiques ;

Comme si la vérité devait être modelée, dépourvue de l'éthique.

Je décline, sur ses yeux, la douceur d'être mienne ;

Épanouie d'elle-même, tout inconsciente de ses peines ;

Consumée par ses chaines, ses désirs s'enchainent.

Elle se replie sur elle, l'amour ne se pose point sur ses ailes ;

Sombre est ma lumière sur ses perles, désirs et sentiments pêlemêle.

La regardant attentivement, d'une beauté illuminée dans sa parure ;

Une sorte de pomme bien embellie, croquée avec du cyanure.

Voluptueuse et aimante, mais je suis la tâche dans sa carrure ;

Désireux de l'aimer, mais tout effort est contre nature.

Mes pulsions à son égard sont bien plus qu'une torture ;

Il émane de moi les pensées les plus obscures.

« Le moi » qui me raisonne ;

Mes peurs qui me questionnent.

Faire des aveux revient à oublier son corps ;

Oublier ses peines revient à songer à mes torts.

Dans son ciel étoilé, je suis l'étoile qui s'efface ;

J'étais son protecteur, maintenant je suis pire qu'une menace.

De ses cartes émotionnelles, je suis bien le seul as ;

Mais hélas ! Dans mon âme elle n'a pas eu sa place ;

Comme ce touriste qui ne mérite pas son palace ;

Et qui se tasse par peur que ses traces financières le pourchassent.

Chapitre 8 : Se mentir à soi même

Pour le mieux j'apprendrai à l'aimer ;

Même sans être au fait, je suis déjà écœuré ;

Car de ses larmes je ne pourrais être exempté.

De ce qu'il nous reste, j'essaie de trouver les limites ;

Je me dévoile à chercher ce que je n'ai pas.

De ce qu'elle est beaucoup la plébiscite ;

Mais je ne changerai rien de ses pas.

Une autre direction pour mon regard ;

Je ne vois que passion à son égard ;

J'apprendrais à être plus proche de son âme, quand son corps m'égare.

Mais à quoi me servira ce train s'il n'atteint point ma gare ?

Commencer pour s'arrêter en pleine voie est la plus rude façon de n'avoir jamais été au commencement de son trajet.

Iş

Les jours, les nuits, se défilent ; nos mémoires se transforment peu à peu en fragments indélébiles ;

Elle n'était comparable à aucune d'entre elles dans cette ville ;

En cas de danger j'aimerais atterrir sur son île !

J'ai appris à être droit dans ses lois ; sa douceur en hiver est mon toit.

La chaleur qu'elle me procure est paisible ;

Mon appui formel en cas de déséquilibre.

À présent tout son être devient ma cible ;

Se poser sur ses ailes c'est savoir être libre.

J'oscille entre son corps et son âme ;

L'art subtil d'être indécis.

Elle se voit déjà être ma femme ;

Tout me fait signe qu'elle est épanouie ;

Mais l'amour n'est sujet à la force ; car il apparait toujours sans amorce.

Face à la torture de l'esprit via la conscience, le poids ne s'enlève qu'après s'être avoué.

ţş

Chapitre 9 : Elle ou moi ?

La nuit s'annonce sombre et tragique ;

Comme l'automne, dont les feuilles mortes sont seules fanatiques.

La température semble être d'humeur frénétique ;

Cherchant à soigner mes maux pour ne pas paraître sadique.

Elle pense avoir été conviée à une escapade romantique ;

Qu'elle est charmante, une douce lumière au zénith !

Elle est bien au pas d'un triste son mélodique ;

Comme les contes, sa réalité est au même titre qu'un mythe.

Je détourne mes yeux vers la vérité ;

Sa peau me frôle, je suis dans la cécité.

J'ai fait grief à ma conscience ;

D'être plus charnel que raisonnable.

Les pétales fanent en silence ;

Mais mes pulsions sont insoutenables.

Je vois sur son visage le reflet de son corps et de son âme ;

Envoûtée par ses désirs, prenant son envol dans les flammes.

Me détourner de sa morphologie devient sujet à un défi ;

Point d'amour, sans la perdre, lui dire sans faire de bruit.

En voulant éviter le pire en se taisant, tout ce qu'on arrive à faire est de rompre le processus d'une vie surprenante face à la découverte.

Chapitre 10 : Le prix de la vérité

Sans dire un mot, je l'emprisonne fort contre un mur ;

Toute soumise avec un regard me disant « je suis tienne ! ».

Me brulant les ailes, face à sa façon d'être pure.

La rage de l'envie, bien rongé par ma proie comme une hyène.

Elle : Mais…

Chut !!!

J'adore te respirer !
J'adore te cajoler !
J'adore te dévorer !
J'adore t'exciter !
J'adore t'enflammer !
J'adore ne pas te résister !
J'adore te sentir exister !

Mais encore ?

Tout un champ lexical du désir, passons à l'acte, seuls nos corps sauront quoi dire.

Je veux bien te donner l'espoir que je serai à tes côtés pour toujours ;

Mais j'ai bien peur que tout ceci ne soit pas une invitation à l'amour.

Je voudrais bien te dire…
« Je t'aime » à longueur de journée ;

Mais comment chérir ton être, sans le confondre avec tes formes ?

Je serais heureux de te dire qu'au début il brillait de mille feux ;

Mais comment être sûr qu'une beauté envoûtante ne m'assomme ?

Je t'aime !

Non ?

Je te désire !

Elle éclate en sanglots ;

Je tente de sécher ses larmes.

Nul mouchoir n'arrête le flot ;

Elle me tend de ses mains une lame.

D'une voix tremblante, d'une tendresse ravageante, préférant se perdre au lieu de me perdre ;

Me jurant de mille mots en se disant merde ;

« Baise-moi encore ! »

Une bien chaude et alléchante…

Mes mains glissant sur ses cheveux ;

Bien au-delà de toute sa bonté.

Son âme s'apaise Miel et braise ne se taisent ;

Dévêtue d'une robe trapèze ;

Elle ne jure que par sa thèse.

Lentement.... Je ? Tout ceci me tient au bout de langue !

Conclusion

La solitude ; l'amour ; le désir ; la vérité ; la conscience ; les tourments, etc…

Tout cela constitue un panel qui généralise ce qu'on appelle la vie, cependant il est d'une extrême importance de chercher à comprendre ce que nous recherchons réellement au risque de ne pas vouloir combler nos manques en se servant d'autrui.

Toute relation qu'elle soit amicale ou amoureuse part d'une base ; serait-on vraiment dans un partage si on choisit de faire partie de la vie des autres parce qu'on se sent seul ?

Ne serait-il pas plus juste de chercher à apprécier notre présence avant de vouloir apprécier celle des autres ?

On ne peut malheureusement pas offrir ce qu'on ne cultive pas chez soi ; l'amour qu'on choisit de donner aux autres est souvent le miroir de l'amour qu'on se donne.

Ne serait-il pas plus cohérent de baser toute relation sur le fond et non sur la forme ?

Depuis quand parait-il plus précieux de suivre nos pulsions érotiques plutôt que la fusion de deux âmes ?

Il devient de plus en plus évident qu'il est plus dur de trouver de l'amour chez l'érotisme ; plutôt que de trouver de l'érotisme chez l'amour.

Quelle est votre base ?

Contacts

SAMSON Tchevemanson

Mon e-mail : samsontchevmanson@gmail.com

Mon Insta: tchevemanson_2111